La migración del reno

Grace Hansen

LA MIGRACIÓN ANIMAL

Abdo Kids Jumbo es una subdivisión de Abdo Kids
abdobooks.com

abdobooks.com

Published by Abdo Kids, a division of ABDO, P.O. Box 398166, Minneapolis, Minnesota 55439. Copyright © 2025 by Abdo Consulting Group, Inc. International copyrights reserved in all countries. No part of this book may be reproduced in any form without written permission from the publisher. Abdo Kids Jumbo™ is a trademark and logo of Abdo Kids.

Printed in China

052024

092024

Spanish Translator: Maria Puchol

Photo Credits: Alamy, iStock, National Geographic Image Collection, Shutterstock

Production Contributors: Teddy Borth, Jennie Forsberg, Grace Hansen
Design Contributors: Dorothy Toth, Pakou Moua

Library of Congress Control Number: 2023950218
Publisher's Cataloging-in-Publication Data
Names: Hansen, Grace, author.
Title: La migración del reno/ by Grace Hansen
Other title: Caribou migration. Spanish
Description: Minneapolis, Minnesota: Abdo Kids, 2025. | Series: La migración animal | Includes online resources and index
Identifiers: ISBN 9798384902010 (lib.bdg.) | ISBN 9798384902577 (ebook)
Subjects: LCSH: Caribou--Juvenile literature. | Caribou--Behavior--Juvenile literature. | Reindeer–Behavior--Juvenile literature. | Animal migration--Juvenile literature. | Animal migration--Climatic factors--Juvenile literature. | Spanish language materials--Juvenile literature.
Classification: DDC 599.658--dc23

Contenido

El reno 4

La migración masiva 8

De regreso al hogar
de verano 18

Ruta migratoria de los
rebaños de reno del Ártico 22

Glosario 23

Índice 24

Código Abdo Kids 24

El reno

El reno, también conocido como caribú, vive principalmente en zonas de **tundra** y **taiga** de Alaska y Canadá.

Los renos pueden sobrevivir en zonas frías y en condiciones muy duras. Aunque la clave de su supervivencia es la **migración**.

La migración masiva

El reno migra entre zonas de verano y zonas de invierno. Prácticamente están siempre desplazándose. Los rebaños de renos llegan a moverse hasta 3,000 millas al año (4,800 km).

En la zona de verano encuentran alimentos nutritivos. Al comer estos alimentos las madres producen leche en abundancia. Con ella las crías crecen más rápido y más fuertes.

Además en esta zona

de verano hay menos

depredadores e insectos.

Por eso es un lugar ideal

para la cría de los pequeños.

Sin embargo, esta zona de verano es dura durante los meses de invierno. Es inhabitable por las bajas temperaturas y los fuertes vientos. Por eso los renos se desplazan al sur entre agosto y octubre.

En la zona de invierno hay más alimento y no hace tanto frío. El rebaño se queda en esa zona hasta finales de marzo.

De regreso al hogar de verano

A principios de abril comienzan su trayectoria de regreso al norte. Las hembras embarazadas son las primeras en salir.

A principios de junio nacen las crías. El resto del rebaño llega a la zona de verano hacia mitad de julio. No tardarán en iniciar su **migración** hacia el sur.

21

Ruta migratoria de los rebaños de reno del Ártico

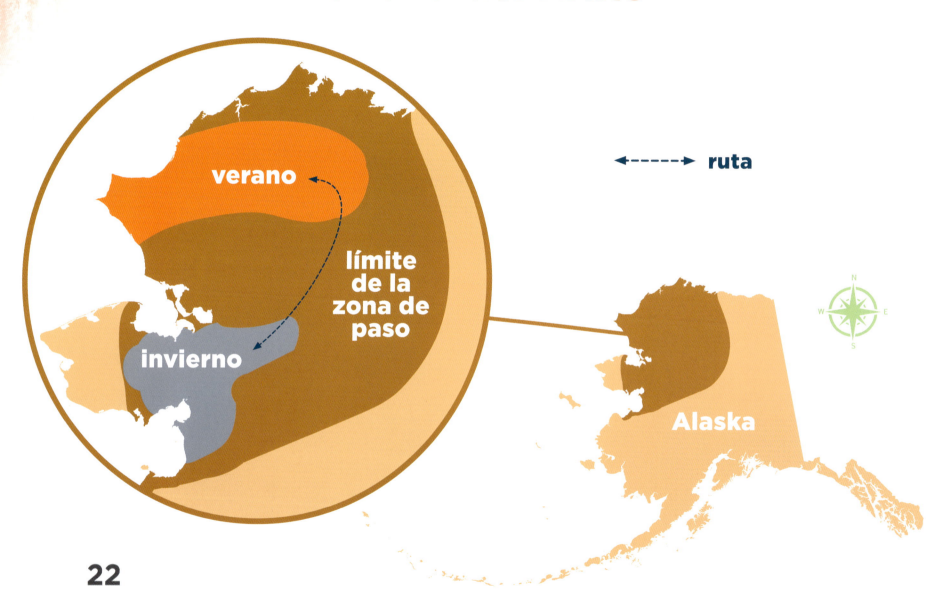

Glosario

depredador – animal que caza otros animales para comérselos.

migración – acto o proceso de migrar.

migrar – desplazarse de un lugar a otro por el clima, para buscar alimento o por otras razones importantes.

nutritivo – que tiene muchas vitaminas, minerales y otros nutrientes necesarios para crecer o hacerse fuerte.

taiga – franja subártica de bosques de coníferas, que cubre gran parte del norte de América del Norte, Europa y Asia.

tundra – terreno llano y enorme en las zonas árticas de América del Norte, Europa y Asia. En esta zona no crecen árboles.

Índice

Alaska 4

alimento 10, 16

Canadá 4

crías 10, 12, 20

hábitat 4

hembras 10, 18, 20

invierno 8, 14, 16

otoño 14

primavera 16, 18

rebaño 8, 16, 20

verano 8, 10, 12, 14, 20

¡Visita nuestra página **abdokids.com** para tener acceso a juegos, manualidades, videos y mucho más!

Los recursos de internet están en inglés.

Usa este código Abdo Kids

ACK2309

¡o escanea este código QR!